OBSERVATIONS

SUR LA VIE

DE NAPOLÉON BONAPARTE,

PAR SIR WALTER SCOTT,

DESTINÉS AU FEUILLETON LITTÉRAIRE

DU COURRIER DES TRIBUNAUX

DU 20 JUILLET,

Et dont la *CENSURE* n'a pas permis l'impression.

———————

PARIS.

LE NORMANT FILS, IMPRIMEUR DU ROI,
RUE DE SEINE, N° 8. F. S. G.

1827.

AVERTISSEMENT.

✠·❀·✠

J'avois donné, pour être inséré dans le feuilleton littéraire du *Courrier des Tribunaux,* un premier article sur la *Vie de Napoléon Bonaparte,* par *Walter Scott;* ce premier article, composé dans le silence du cabinet et la sincérité de ma pensée, a été refusé par la *censure.* Ne voulant toutefois en changer ni la forme ni le fond, que je persiste à croire également irréprochables, j'ai pris le parti de le livrer à l'impression, ainsi qu'un second article, qui devoit être le complément de cet examen purement littéraire. Non pas que j'attache à ce travail en lui-même une telle importance, qu'au milieu de si graves intérêts et de si éloquentes protestations, il mérite de fixer l'attention publique, mon intention est seulement de montrer jusqu'où vont les précautions de la censure, et combien peu de liberté est laissé même à la critique littéraire.

VIE

DE NAPOLÉON BONAPARTE,

PAR SIR WALTER SCOTT.

PREMIER ARTICLE.

Le défaut principal de Walter Scott, dans ses romans, c'est de préparer avec lenteur, et de nouer foiblement les fils de l'intrigue sur laquelle doit reposer l'intérêt de sa fiction. Chez lui les événemens ne s'animent qu'avec peine ; les caractères, long-temps indécis, ne se dessinent et ne se fixent qu'après bien des variations ; d'abord froide et languissante, l'action ne s'échauffe et ne marche avec quelque rapidité que vers le milieu de l'ouvrage : un moment plus vive et plus dramatique, bientôt elle vous échappe ; car Walter Scott n'est pas heureux non plus dans les dénouemens. Toutefois, dans un roman, ouvrage d'agrément et d'imagination, le lecteur se prête facilement à toutes les libertés, à toutes les fantaisies de l'écrivain ; l'important pour lui étant bien moins d'arriver que de parcourir une route agréable, il s'arrête volontiers à toutes les distractions qu'il trouve sur son chemin ; il permettra donc au romancier de disposer à son aise tous les ressorts de sa fable, de le traîner sur des incidens qui, de peu d'intérêt en eux-mêmes, doivent ménager des scènes dramatiques et de vives surprises. Il n'en est point ainsi de l'histoire. Là, tout doit être rapide, et tendre directement au but. Les faits, du moment où ils sont saisis par la pensée, doivent apparaître pleins de vie et de mouvement ; chaque événement porte en lui-même, avec sa cause, ses développemens et son

intérêt; il est donc inutile de faire languir et de retarder
l'action, dans des considérations qui ne se rattachent qu'im-
parfaitement au sujet. Cependant ici une objection se présente : les faits, nous dira-t-on, sont-ils si simples, si
isolés, qu'ils renferment en eux-mêmes tous leurs antécé-
dens et toutes leurs conséquences ? un siècle n'est-il pas
souvent contenu dans le siècle qui l'a précédé, et une révolution présente dans des fautes passées ? Sans doute, rare-
ment les faits sont dégagés des influences antérieures; mais
ces influences doivent avoir un terme et une mesure; autrement il n'y auroit pas de raison, en remontant ainsi des
effets aux prétendues causes, pour ne pas arriver au berceau
de la monarchie, et même, en forçant la conséquence, à une
époque bien plus éloignée; ainsi se trouveroit justifiée l'opinion d'un philosophe du dix-huitième siècle, qui, voulant
toujours procéder du connu à l'inconnu, prétendoit qu'il
falloit écrire l'histoire à rebours, en commençant de nos
jours, pour arriver à telle époque que l'on voudroit peindre :
système absurde. S'il est donc vrai que l'on ne peut entrer
brusquement dans une histoire particulière, sans recher-
cher les causes plus ou moins générales qui ont exercé sur
elle leur influence, il est vrai aussi que ce tableau doit être
tracé avec précision et vigueur. Tacite veut écrire les annales
de l'Empire : deux pages lui suffisent pour rappeler les diverses modifications qu'a subies la constitution de Rome.
Walter Scott est donc tombé dans une grave erreur en fai-
sant précéder la vie de Bonaparte de quatre volumes de considérations sur la révolution française; ajoutons que ce
préambule qui, partout, seroit une faute capitale, est ici
une double méprise ; car l'histoire de Bonaparte se détache
entièrement des causes qui ont amené et fait la révolution :
la révolution auroit existé avec toutes ses conséquences,
quand même Bonaparte n'eût pas vécu ou fût resté ignoré : il
y a plus, Bonaparte a été un obstacle à la révolution, il l'a
d'abord changée, puis vaincue à son profit, enfin ramenée
aux habitudes monarchiques que son génie et sa gloire
pouvoient seuls faire revivre : l'Empire a préparé la restau-
ration. Ces deux histoires, l'histoire de la révolution et
l'histoire de Bonaparte, qui, dans leur principe, ne tiennent
nullement l'une à l'autre, ont-elles du moins été unies,
autant que possible, par le talent de l'écrivain ! Loin de là,
elles forment deux ouvrages bien distincts qui n'ont entre
eux de commun que le titre : considérons donc à part l'histoire de la révolution.

Les matériaux ne manquent pas aujourd'hui pour l'histoire de cette grande époque; les événemens sont venus

rendre plus facile encore cette tâche immense ; en nous présentant la révolution sous toutes ses faces, ils en ont éclairé les parties les plus obscures d'une vive lumière ; pour la bien juger, nous avons aujourd'hui quelque chose de mieux que les faits ; nous avons cette expérience, cette solide pénétration que le jeu du gouvernement constitutionnel a mis dans les esprits ; aussi, on peut le dire, la révolution, bien que nous semblions en quelque sorte y toucher, la révolution ne nous apparoît plus que comme un fait ancien et sans rapport immédiat avec le présent.

La révolution en effet est complète ; elle a porté toutes ses conséquences ; si quelque révolution nouvelle s'élevoit, elle ne sortiroit point de l'ancienne, mais bien de fautes nouvelles et de causes étrangères. Si, pour voir les choses, nous sommes placés dans ce jour favorable, un étranger n'est pas dans une position moins avantageuse ; nous sommes donc en droit d'attendre de lui une grande impartialité ; plus désintéressé que nous dans la question, il la jugera avec plus de sang-froid : voyons si Walter Scott a rempli toutes ces conditions.

Pour arriver à la révolution française, l'auteur trace un tableau de l'état de l'Europe après la paix de Versailles ; il montre l'Angleterre, la France, l'Espagne, la Prusse, désirant, pour des raisons différentes, une même tranquillité ; puis il trouve dans les innovations imprudentes de l'empereur Joseph II, dans les troubles de la Flandre et les révoltes de la Hollande, les indices et les élémens de la révolution française : *Mais*, ajoute-t-il, *c'étoit en France que mille circonstances, les unes ressortant de la situation générale du globe, les autres particulières au pays lui-même, se combinoient comme les ingrédiens dans le chaudron des sorcières, pour produire une suite d'apparitions effrayantes, quoique fugitives, et terminées par le terrible fantôme du pouvoir militaire absolu avec son cortége, semblable à la tête armée qui précède les spectres de la tragédie.* Ce tableau général de l'Europe, servant d'introduction à la révolution française, seroit assez bien placé, si l'auteur abordoit de suite les premiers événemens de cette grande crise. Mais, par un mouvement rétrograde, il remonte, pour ainsi dire, aux premiers temps de l'histoire de France ; il examine longuement l'ancien système de la monarchie, son organisation, les causes de sa décadence, qu'il attribue à la dégradation de la noblesse, dégradation amenée par le luxe et par des créations nouvelles qui établissent des divisions funestes entre les nobles de vieille et fraîche date,

qui cependant se réunissent contre la noblesse des campagnes qu'ils méprisent également.

Tandis que la noblesse alloit ainsi s'affoiblissant, l'É-
glise, cette seconde colonne de la monarchie, ne reposoit
pas sur des fondemens beaucoup plus solides; minée par
les querelles ridicules et cruelles du jésuitisme et du jansé-
nisme, par l'indifférence de ses ministres pour leur minis-
tère, par les attaques et les déclamations de la philosophie,
en même temps qu'elle n'offroit plus au trône qu'un appui
inutile s'il n'étoit dangereux, elle présentoit dans ses rangs
inférieurs de puissans auxiliaires à cette partie de la nation
qui appeloit un changement. Les opinions de la classe
moyenne étoient partagées par les curés qui se trouvoient
placés le plus près d'elle; ainsi la supériorité réelle de ri-
chesses et de connoissances dans la classe bourgeoise, se
trouvoit soutenue par le mécontentement d'une partie de la
noblesse et du clergé. La littérature étoit une autre puissance non moins redoutable; Walter Scott peint son esprit,
ses tendances, sa domination hardie et téméraire; enfin,
arrivant à la cause directe de la révolution, il la trouve
dans le désordre des finances. Sans doute toutes ces vues
ne manquent pas de justesse en elles-mêmes; mais elles
sont peu profondes. Il est faux de ne voir la révolution que
dans telle ou telle cause éloignée; elle a éclaté parce qu'elle
étoit dans les mœurs, dans les opinions, dans les besoins du
siècle : à qui, par exemple, persuadera-t-on aujourd'hui
qu'un déficit de 5o millions ait amené la révolution? il faut
donc en chercher la cause plus haut. Cette cause première
et essentielle, nous dit l'auteur en commençant, fut le changement qui s'opéra dans l'esprit des Français envers leur
gouvernement et leur Roi; c'est ici prendre l'effet pour la
cause; sans doute ce changement a aussi eu ses raisons;
c'est là ce qu'il falloit nous montrer, et ce que l'historien
n'a pas fait. Si le peuple a eu ses erreurs, le trône a eu ses
fautes; si la monarchie s'est tout à coup trouvée sans sou-
tiens, c'est qu'elle avoit elle-même brisé toutes les barrières
qui, en maintenant les libertés de la nation, assuroient sa
propre force; si le tiers-état s'est levé pour reconquérir vio-
lemment son indépendance, c'est que cette indépendance,
que l'homme ne sauroit aliéner, foulée aux pieds pendant
tant de siècles, lui étoit imprudemment contestée; ne voyez
donc point ici des accidens particuliers, mais la marche
éternelle de l'esprit humain. Le trône, pour écraser la féo-
dalité, s'étoit appuyé sur le peuple; bientôt sans rival, le
pouvoir monarchique ne vit plus au-dessous de lui que des
sujets; mais la nation étoit encore neuve pour la puissance,

elle devoit reparoître comme le dernier résultat et la conséquence forcée du mouvement qui emportoit l'Europe.

Il ne seroit donc pas juste de croire que des mesures plus ou moins habiles auroient pu empêcher la révolution ; car ce ne sont point les réformes de Necker, les témérités brillantes de Calonne, les incertitudes de l'archevêque de Sens, la convocation des Etats-généraux, qui l'ont faite ; elle existoit long-temps avant d'éclater. C'est pourquoi, au lieu de reproduire longuement les événemens pour ainsi dire matériels qui n'en ont été que la manifestation et non le principe, l'auteur auroit dû pénétrer au fond même des choses. Ici, il faut bien le dire, Walter Scott nous semble entièrement au-dessous de sa tâche : les quatre volumes de son introduction ne sont qu'un tableau, sans couleur et sans vie, des luttes et des principaux événemens qui se passèrent dans l'Assemblée Constituante, l'Assemblée Nationale et la Convention. L'auteur ne suit, dans son récit, aucune méthode ; il prend les événemens et les laisse selon qu'ils se présentent dans l'ordre des temps ; système qui, au premier coup d'œil, semble plus simple et plus naturel, mais qui réellement répand dans l'esprit et les faits beaucoup de confusion, et qui, d'ailleurs, n'est pas exact. En effet, des événemens que vous recueillez en un même chapitre, parce qu'ils sont arrivés dans une même année, ont souvent eu des causes éloignées, et auront des conséquences qui ne se développeront que plus tard : loin donc de pouvoir en saisir d'un seul coup d'œil tout l'ensemble, vous les abandonnez au moment où l'intérêt devient le plus vif ; le fil des événemens se rompt sans cesse entre vos mains : de là une narration froide, décousue, monotone : on diroit une suite d'articles de gazette placés les uns après les autres, reproduisant les mêmes faits sans les éclaircir : c'est un défaut que dans cet ouvrage on rencontre souvent. On sent que l'auteur n'a point fondu en un seul corps les différens mémoires qui ont pu servir à son travail ; une pensée féconde et dominante n'anime point les différentes parties de cette irrégulière composition ; il arrive que souvent Walter Scott reproduit les mêmes idées et les mêmes observations, parce qu'elles se rencontrent dans les différens matériaux qu'il a consultés ; vice qui accuse ou beaucoup de précipitation dans le travail, ou un manque de jugement. Ici s'offre une réflexion : le défaut d'intérêt et de nouveauté que nous remarquons dans cette histoire, vient-il de l'auteur ou de sa position ? c'est-à-dire, Walter Scott a-t-il négligé de puiser à des sources pures et profondes, ou bien a-t-il cru véritablement nous tracer de la révolution, et présenter à ses

compatriotes un tableau complet et dramatique? Si cette
dernière supposition étoit fondée, il faudroit reconnoitre
qu'en Angleterre les esprits ne sont pas très-instruits de
notre situation morale et politique, car Walter Scott ne voit
et ne juge pas la révolution autrement qu'on la voyoit et
qu'on la jugeoit chez l'étranger, depuis 1789 jusqu'à l'Empire : le véritable but des factions, leurs forces et leurs intérêts respectifs, leur marche apparente et leur fin secrète
lui échappent. Tous ces tableaux, qui manquent de vérité,
manquent plus encore de chaleur et de mouvement.

L'historien n'est pas plus heureux quand il juge la partie
philosophique de la révolution : par exemple lorsqu'il pro-
pose sérieusement comme le meilleur moyen qui eût pu
sauver le clergé de France, l'adoption du presbytérianisme.
Il y a ici une double erreur; la philosophie du dix-huitième
siècle ne vouloit pas et ne pouvoit pas vouloir de transac-
tion avec l'Église gallicane; la piété se fût encore moins ac-
commodée de cet arrangement; et s'il faut ensuite entrer au
fond de la question, nous dirons que cet infaillibilité même
sur laquelle Rome s'appuie, et que l'auteur regarde comme
la cause de son discrédit dans les esprits, est le seul principe qui la sauve : nous concevons en effet cette autorité
que l'on réclame de nous, au nom d'un principe divin;
nous ne concevons pas, au contraire, cette suprématie du
clergé anglican fondé par le despotisme de Henri VIII, de
ce clergé si souvent mutilé dans ses croyances et dans ses
formes, par le caprice ou l'intérêt des princes. Si du rapport spirituel nous passons au rapport politique, nous dirons que l'indépendance temporelle du clergé français, bien
qu'elle ait eu et puisse avoir de graves inconvéniens, nous
paroît cependant préférable à cette soumission d'un clergé
qui, placé sous le pouvoir immédiat du monarque, est nécessairement entre ses mains un instrument docile de ses
volontés : aussi, en Angleterre, le clergé forme-t-il plutôt
un corps politique que religieux.

Ainsi, dans cette histoire, l'auteur nous paroit, relative-
ment aux questions politiques, ou ne les avoir pas com-
prises, ou les avoir altérées par les préjugés nationaux;
quant aux faits, ils sont présentés d'une manière lâche,
diffuse, inexacte. Si quelquefois Walter Scott rencontre une
réflexion vraie, il la commente, il l'épuise jusqu'à satiété;
il se perd dans des détails sans intérêt, et par eux-mêmes,
et par la publicité qu'ils ont eu : en un mot, il ne saisit de
la révolution que des lambeaux épars et défigurés, et non
la vie et le mouvement.

DEUXIÈME ARTICLE.

La vie de Bonaparte présentoit à l'historien trois grandes divisions : ses guerres, sa politique extérieure et intérieure, son caractère privé. Les exploits de Napoléon ont été racontés par lui-même et par ses généraux; il étoit donc à craindre, en parlant de ces merveilles du génie militaire, de ne les point retracer dignement : il falloit aussi se défendre des préventions de la rivalité nationale. Sous ce double rapport, l'auteur ne nous paroît pas sans reproche. Les campagnes de Bonaparte longuement rapportées, n'offrent ni chaleur ni mouvement; leur éclat semble entièrement s'éteindre dans la critique lâche et souvent fausse de l'historien anglais. Walter Scott, qui dans les guerres de la révolution juge avec assez d'impartialité les prodiges enfantés par ces soldats et ces généraux sortis du sein du peuple, se montre plus sévère et moins juste à mesure que la lutte contre l'Angleterre devient plus directe et plus animée. Il élève d'abord contre Bonaparte une terrible accusation; il veut rejeter sur lui la responsabilité de tout le sang qui va couler dans ces dix années de combats, où le Monde vaincu par le génie d'un seul homme, dut ensuite retomber sur lui et l'écraser de ses succès ; c'est surtout à l'occasion de la paix d'Amiens qu'éclate cette partialité. Cependant, à travers les artifices de l'écrivain, perce la vérité, et l'on voit que si Bonaparte mit dans ses prétentions quelque roideur, l'Angleterre mit plus de mauvaise foi encore dans ses négociations. C'est ici le lieu d'examiner une grave question qui se rattache à toute la carrière politique de Bonaparte, question dont la solution doit être d'un grand poids dans la balance de la postérité. Bonaparte fut-il poussé de conquêtes en conquêtes par son ambition seule, ou bien aussi par la secrète mais implacable jalousie des autres nations, et surtout de l'Angleterre ? Héritier de la révolution, ne poursuivoit-on pas contre lui le plan de destruction conçu contre la république ? Il nous paroît prouvé aujourd'hui que jamais les cours étrangères n'ont été sincères dans leur désir de la paix ; que sans cesse agitées par les intrigues et l'or de l'Angleterre, elles n'ont jamais renoncé à l'espoir d'humilier la France. Ce projet, quelquefois suspendu, mais jamais abandonné, a produit les deux guerres de l'Autriche toujours infidèle à ses sermens; la double coalition de la Russie et de la Prusse, enfin la Sainte-Alliance. Bonaparte ne se trompoit pas dans les intentions hostiles qu'il soupçonnoit à la diplomatie anglaise, dont les autres cabinets étoient les dociles instrumens. Mais entreprendre de renverser tous les trônes qui étoient soumis à cette influence, pour la détruire elle-même, c'étoit une erreur capitale. En avouant donc que le principe des guerres de Bonaparte n'étoit pas, comme on l'a prétendu, l'ambition seule, nous accorderons aussi que cette manie des conquêtes, en fournissant à ses ennemis un favorable prétexte d'accusations, étoit encore très-dangereuse pour lui-même. Bonaparte devoit attendre la guerre et non la devancer : sur les frontières de la France se seroient alors brisées toutes les coalitions. Il est bien loin de notre pensée de vouloir justifier les entreprises gigantesques et souvent violentes de Napoléon; nous devons seulement rétablir le véritable état de la question.

Si, abstraction faite de cette première considération, nous examinons la manière dont Walter Scott trace ses larges et brillans tableaux, nous trouverons bien des imperfections et des erreurs : je ne parle pas seulement ici de ce jour plus ou moins favorable sous lequel l'esprit national peut présenter les résultats d'une même bataille; de ces succès diminués, de ces pertes exagérées suivant les bulletins officiels; mais bien des faits importans, dénaturés dans leur principe, altérés dans leurs conséquences, des plus vastes combinaisons de la science militaire rabaissées par des réflexions malignes ou de fausses interprétations. La précipitation et l'inexactitude de l'historien se trahissent presque à chaque page : les différentes scènes du théâtre de la guerre sont présentées sans aucun art; elles se mêlent, se confondent, et portent dans l'esprit du lecteur le vague qui étoit sans doute dans celui de l'écrivain. Les événemens ne s'enchaînent point; on diroit que l'historien ne sauroit soulever et coordonner ces masses immenses qui se mouvoient avec tant de rapidité à la voix d'un seul homme; les lieux, les dispositions des corps lui échappent; comment, en effet, sans en avoir été témoin, retracer tant de victoires, et des victoires si variées? Comment peindre ces illuminations soudaines du génie, ces éclairs de la pensée, ces conceptions si neuves et si originales qui avoient changé l'art de la guerre, comme le destin du Monde? Sa merveilleuse expédition d'Egypte, les deux conquêtes de l'Italie, les campagnes si rapides et si brillantes d'Allemagne, sont reproduites avec des couleurs pâles et de foibles pensées. Souvent des réflexions communes, des rapprochemens forcés viennent encore ajouter à ce vice capital. Si Walter Scott peint ainsi les parties les plus brillantes de la carrière militaire de Bonaparte, on peut bien penser qu'il ne fait pas grâce à des entreprises moins heureuses ; la bataille de Trafalgar, l'évacuation de l'Egypte, sont pour l'historien anglais autant de sujets de triomphe ; alors il n'épargne pas les éloges à ses concitoyens, à leur ennemi les reproches.

Walter Scott n'est pas heureux et juste dans la partie militaire ; il n'est pas ou plus équitable ou plus pénétrant dans la politique extérieure et intérieure de Napoléon : il lui reproche sans cesse sa perfidie qu'il oppose à la loyauté anglaise ; ses témérités, qui lui font admirer plus vivement la prudence britannique. Dans la politique intérieure, l'auteur ne saisit pas mieux l'état de la France ; ainsi plusieurs fois il exprime cette opinion qu'aux époques les plus difficiles, les plus animées de la révolution, le parti royaliste auroit pu aisément se relever ; il voit souvent le triomphe, ou du moins les forces de ce parti, dans des luttes de tribune ou de factions qui y étoient totalement étrangères : il prend ici l'apparence pour la réalité ; il est bien vrai que souvent les intrigues des royalistes se mêloient à des mouvemens révolutionnaires, et cherchoient à les faire tourner à leur profit ; mais il n'est pas moins vrai que jamais mouvement intérieur n'eut pour cause première et pour motif avoué le rétablissement de la monarchie ; par suite de la même erreur, l'auteur pense que Bonaparte eût dû, eût pu rétablir les Bourbons. Il suffit de connoître même légèrement la situation des esprits, pour être persuadé que Bonaparte, avec toute la puissance de sa gloire et la magie de son nom, n'eut pas suffit à une telle entreprise : toute la force de Bonaparte reposoit sur l'armée, et cette armée, en grande partie, étoit encore républicaine. Plus tard la gloire de Bonaparte put seule lui faire pardonner son ambition ; alors n'auroit-il pas perdu, avec l'attachement des soldats, l'empire qu'il avoit sur eux. Il est des positions qui n'admettent pas de transactions. Qu'on ne cite pas ici l'exemple de Monk ; quand l'Angleterre rentra sous le sceptre des Stuarts, elle avoit connu l'usurpation de Cromwel. L'auteur nous semble aussi attacher trop d'importance à des faits accessoires. Par exemple, il revient plusieurs fois sur l'opposition de Mme de Staël à Bonaparte, opposition dont la vanité de cette femme célèbre s'est exagéré les dangers et l'influence. Walter Scott ne voit souvent la France qu'à travers les préjugés du tory ou du presbytérien. Il juge trop sur des opinions partielles l'état général de l'empire : les plaisanteries du faubourg Saint-Germain, les allusions hardies de certaines coteries, qui depuis se sont attribué une grande influence sur la chute de l'empire, étoient alors

ou méprisées ou inaperçues; elles se perdoient dans le
bruit de la foudre et les acclamations de la victoire.

Walter Scott réussit mieux à peindre la conduite habile
que Bonaparte sut tenir au milieu des partis qui se dispu-
toient son nom et son ascendant; ses vues plus profondes
et plus politiques; son respect, en Italie, pour la religion,
et ses complaisances pour le Saint-Siége ; au dedans, son
influence chaque jour croissante, bien qu'il n'affectât point
de la faire sentir; son administration toujours active, mais
d'abord plus généreuse et par cela même plus sage, enfin
son despotisme ombrageux et quelquefois violent, cette
manie de despotisme et d'égoïsme qui lui faisoit sacrifier
les biens réels de la nation, les libertés publiques, à l'intérêt de son orgueil ou de sa race. On retrouve aussi l'ob-
servateur ingénieux dans quelques rapprochemens neufs
et vrais. Ainsi Walter Scott voit dans la noblesse de la
Vendée, qui vivoit sur ses terres dans de continuelles rela-
tions de patronage et de bienveillance avec les paysans, une
image de ces chefs de Klans Ecossais qui trouvoient dans
leur tribu tant de loyauté et de courage ; et cette compa-
raison ne nous paroît pas manquer de justesse. Walter Scott
se plaît à retracer ces traits de détail, qui peignent si bien
la physionomie et le caractère de Bonaparte ; tel est celui-ci :
« Dans un de ces rassemblemens occasionnés par la di-
» sette du pain, tandis que Bonaparte engageoit de son
» côté le peuple à se disperser, une femme monstrueu-
» sement grosse se faisoit remarquer par la véhémence
» de ses gestes et de ses paroles, en exhortant les mu-
» tins à ne pas lâcher pied : *tout ce tas d'épauletiers,*
» crioit-elle, *se moquent de nous ; il leur est fort égal*
» *que le pauvre peuple meure de faim, pourvu qu'ils*
» *mangent et s'engraissent bien. — Bonne femme,*
» répondit Napoléon, *regardez-moi bien, quel est le*
» *plus gras de nous deux ?* » Napoléon étoit alors maigre
comme un squelette. Cette question fit tourner la plaisan-
terie contre l'Amazone, et le rassemblement se dispersa en
riant.

Cependant Walter Scott ne montre pas toujours la même
sagacité : par exemple dans certaines lettres ou proclamations
de Bonaparte, il ne voit qu'une emphase déplacée et une
exagération ridicule ; les proclamations de Bonaparte, bien
qu'elles ne soient pas exemptes d'un certain grandiose re-
cherché, offrent souvent de simples et fortes pensées expri-
mées avec une énergie extraordinaire. Ses lettres décèlent
un sens profond et une grande sagacité ; telle est celle que
nous allons citer. Pendant la grandeur de Napoléon, la mu-

nicipalité de Montpellier manifesta le vœu d'ériger un mo-
nument à la mémoire de Charles Bonaparte : Napoléon lui
répondit : « *Si j'avois perdu mon père hier, il seroit*
» *naturel que les marques de respect que je donnerois*
» *à sa mémoire fussent en rapport avec ma situation*
» *présente; mais il y a vingt ans que cet événement a*
» *eu lieu, et il est de ceux qui ne peuvent intéresser le*
» *public. Laissons les morts en paix.* »

En résumé, cette Vie est écrite avec assez d'impartialité
dans ses détails; mais elle manque de justice et d'élévation
dans les questions générales. Si l'auteur peint avec justesse l'activité, la persévérance de Napoléon ; s'il le venge
de quelques basses accusations, il n'apprécie pas la hauteur
et l'étendue de ses projets, qu'il accuse trop souvent de
témérité et de folie ; lorsqu'il est forcé de reconnoître les
sublimes combinaisons de cet homme extraordinaire, il
cherche toujours à donner au hasard une part dans le succès ; retrace-t-il les grands ouvrages entrepris dans l'intérieur pour l'embellissement des villes et les facilités du
commerce, il n'y voit que l'égoïsme de la tyrannie, qui
offre en dédommagement de la liberté, une magnifique ser-
vitude et un luxe corrupteur. Enfin cet ouvrage, composé
avec toutes les préventions d'un Anglais, n'offre ni re-
cherches nouvelles, ni considérations profondes.

Toutes les remarques que nous avons faites jusqu'ici ne
portent que sur le mérite historique de l'ouvrage; si nous
le considérons actuellement sous le rapport littéraire, il
nous paroîtra d'une égale médiocrité. Le style, il est vrai,
est facile, naturel et clair. Mais l'auteur ne se soutient point
à la hauteur de la dignité et du ton historique. L'imagination du romancier se mêle trop souvent à la gra-
vité du sujet : des figures déplacées, des citations hors de
propos, des dissertations oiseuses, des remarques parfois
subtiles viennent choquer le goût ; presque tous les cha-
pitres sont précédés de considérations communes, qui
forment, pour ainsi dire, autant d'introductions particulières, qui ralentissent la vivacité de la narration. L'auteur
veut aussi trop souvent entrer dans le secret des desseins
de Bonaparte ou des vues qui les ont inspirés; il substitue
l'observation du moraliste à la réflexion de l'historien ;
comme dans les romans, il cherche à démêler, avec sagacité, les diverses nuances d'intérêt ou de sagesse qui ont
pu entrer dans un projet, substituant ainsi quelquefois la
subtilité de son esprit à la vérité des motifs ou des senti-
mens. Nous lui reprocherons encore de n'avoir point su

saisir, ni dans l'ensemble ni dans les détails, le genre de
style qui convient à l'histoire : dans l'ensemble, il n'établit
entre les faits ni enchaînement, ni déduction ; dans les détails,
il tombe dans des fautes de goût fréquentes, dans des com-
paraisons rebattues et des rapprochemens pédantesques.

L'imagination qui ressuscite le passé, ne peut-elle donc
animer les scènes contemporaines ! La grandeur de Napoléon a-t-elle quelque chose qui accable l'esprit ? ou bien
faut-il chercher dans la nature même du talent de Walter
Scott, et dans les habitudes de ses impressions, la cause de
cette infériorité de l'historien au romancier ? D'abord nous
croyons qu'il est plus facile de créer des situations, de res-
susciter des souvenirs, des croyances populaires, que de
retracer les grands spectacles qui se sont agités sous nos
yeux : ensuite la disposition même de génie qui a rendu si
vivantes et si dramatiques les scènes si habilement décrites
par l'auteur d'*Ivanohë* ou des *Puritains*, a dû ici tourner
contre lui-même. Cette habitude de la pensée qui pénètre
dans les siècles anciens, pour y chercher leur esprit, leur
mouvement, leur couleur, qui se sépare du présent pour
ne vivre que dans le passé, doit nécessairement, en don-
nant aux impressions plus de profondeur, ôter aussi à la
réflexion quelque chose de son étendue et de sa souplesse.
On écrit moins alors sous l'inspiration du jugement que
sous celle de l'imagination, et l'imagination est comme le
cœur, elle sent et ne juge pas. Le talent qui convient à la
partie historique et poétique du roman, est donc différent
de celui qui convient à l'histoire contemporaine ; les qua-
lités qui, dans le premier cas, font la vérité de la peinture,
dans le second ne font pas la justesse du récit ; l'auteur
dominé par ses réflexions premières ne saisit pas les faits
avec une vue assez nette et assez forte ; ils sont trop près de
lui ; il leur faudroit la magie du lointain. Le génie de Walter Scott, si puissamment animé par les illusions des vieux
âges, si brillant, si dramatique dans les tableaux qu'il nous
en retrace, disparoît et s'efface au grand jour de la vérité
historique ; semblable à ces êtres mystérieux et fantastiques,
qu'il se plaît à nous présenter dans ses admirables romans,
à ces Sylphes pleins de charme et d'intérêt, tant qu'ils sont
enveloppés du voile transparent de la fiction, et qui se
dissipent avec leurs enchantemens sitôt que la réalité vient
les saisir.